I0080340

C
/9 8 /

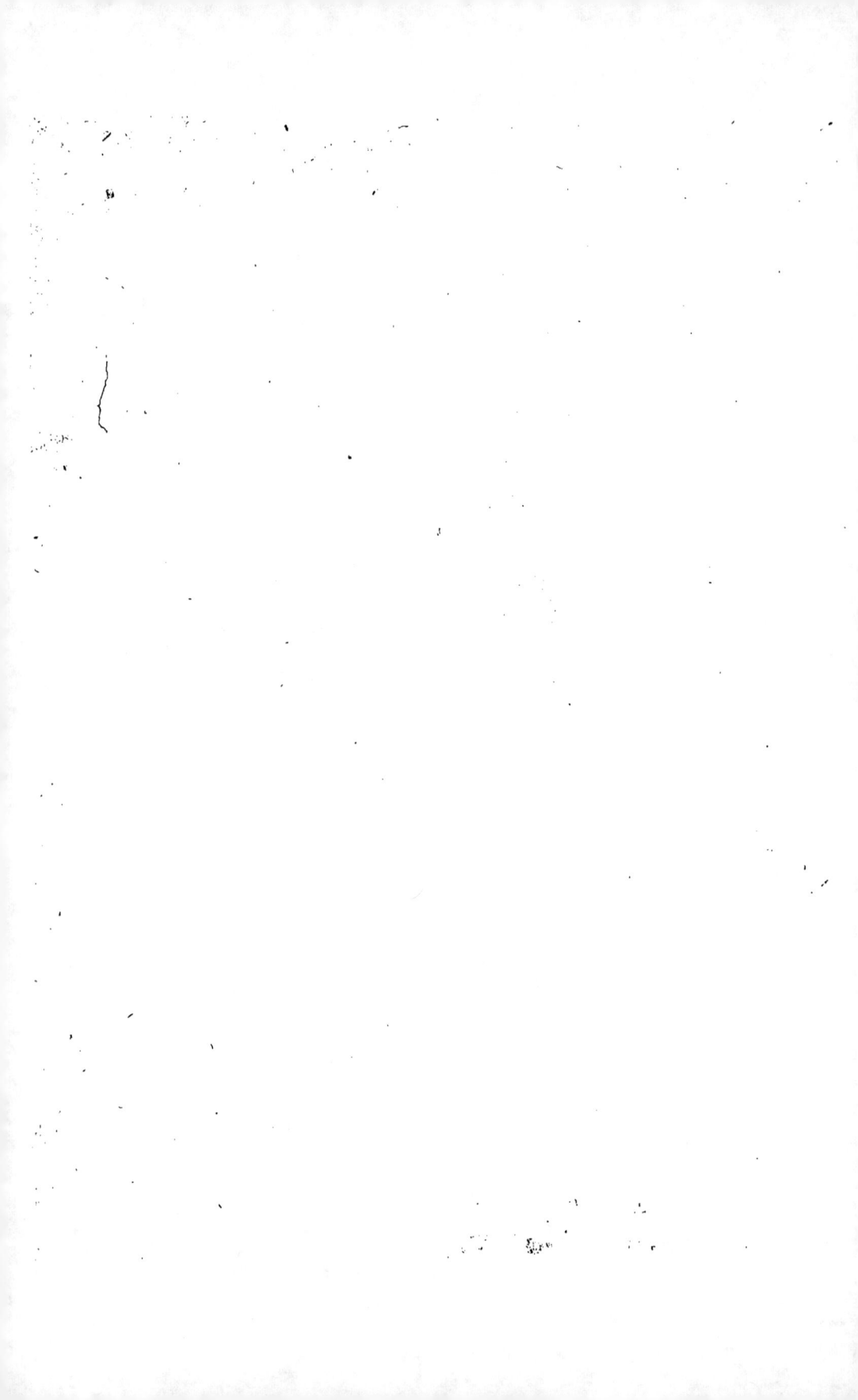

ORAISON
FVNEBRE
DE
HENRIETTE MARIE
DE FRANCE,

Reine de la Grande Bretagne.

Prononcée dans l'Eglise de Noſtre-Dame de Paris, le 25. de Novem-
bre, par le R. P. I. F. SENAVLT, Preſtre & Superieur
General de la Congregation de l'Oratoire de IESVS.

A PARIS,
Chez PIERRE LE PETIT, Imprimeur & Libraire
ordinaire du Roy, ruë S. Iacques à la Croix d'Or.

M. DC. LXX.
Avec Privilege de ſa Majeſté.

A SON ALTESSE ROYALE

MADAME LA DVCHESSE
D'ORLEANS.

*ADAME,*

Si les Grands sont nez pour servir
d'exemple pendant leur vie & après leur
mort, il est de leur gloire & de l'inte-

reſt public, d'informer tous les ſiecles
de leurs vertus, afin que chacun les puiſſe imiter. Celles de la feuë Reine
d'Angleterre ſont ſi belles & en ſi grand
nombre qu'il y auroit de l'injuſtice à ne
les pas faire connoiſtre à la poſterité.
Car qui a-t-il de plus admirable que de
voir vne Souveraine qui a conſervé l'humilité dans la grandeur, la modeſtie
dans la proſperité, le courage dans l'adverſité ; & qui eſtant tombée de ſon
thrône n'a rien perdu de ſa Majeſté ni
de ſa grandeur? Le Paganiſme a loüé
avec excés vn Philoſophe qui ſe vantoit
de n'avoir rien perdu, quoy qu'on eût
pris ſa ville, & qu'on luy eût oſté
tous ſes biens : Mais l'Europe s'eſt
étonnée d'avoir veu vne grande Reine,
qui aprés la perte de ſon Eſtat & la
mort du Roy ſon Mary, a pû dire
qu'Elle n'avoit rien perdu, puis

EPISTRE.

qu'Elle possedoit son Ame en patience, & qu'Elle estoit remontée sur son thrône avec la mesme egalité d'esprit qu'Elle en estoit descenduë. Ces excellentes vertus, *MADAME*, sont necessaires à toutes les Princesses du monde ; ce qui est arrivé à la Reine d'Angleterre leur peut arriver aussi, & il n'y a point de fortune si bien établie qui ne puisse estre ébranlée ou renversée comme la sienne. Ce n'est pas pour étonner, mais pour avertir Vostre Altesse Royale que je luy tiens ce discours. Car j'espere qu'Elle n'aura jamais besoin de ces vertus si glorieuses & si difficiles, qu'Elle passera sa vie dans vne longue tranquillité, qui ne sera troublée d'aucun orage ; & que sans estre obligée de se servir de toute la force de son esprit pour supporter les disgraces, il luy suffira de mepriser toutes les gran-

EPISTRE.

deurs de la terre, puis qu'Elle a veu par
des exemples domeſtiques, que le Sceptre
peut échaper de la main des Rois, & la
Couronne tomber de leur teſte. Si Voſtre
Alteſſe Royale conſidere ces importantes
veritez, la bonne fortune ne pourra
jamais l'éblouïr, ny la mauvaiſe l'étonner, & élevée au deſſus de tous les éve-
nemens, Elle joüira d'vn bon-heur qui
durera autant que ſa vie. C'eſt le ſou-
hait que fait pour Elle,

MADAME,

Son tres-humble, tres-obeïſſant &
tres-fidelle ſerviteur SENAVLT
Preſtre de l'Oratoire.

ORAISON FVNEBRE

DE

HENRIETTE MARIE

DE FRANCE,

Reine de la Grande Bretagne.

Spectaculum facti sumus mundo , & Angelis , & hominibus. 1. *Cor. 4.*

Nous servons de spectacle au monde, aux Anges & aux hommes. 1. Cor. 4.

SI jamais personne a pû dire ces paroles aprés l'Apostre des Gentils, il faut avoüer que ç'a esté Henriette Marie de France, Reine de la Grande Bretagne. Car en quelque estat que nous la considerions, Elle a esté vn spectacle que le monde n'a pû voir sans étonnement; & Elle a merité dans son bonheur & dans sa disgrace l'admiration du ciel & de la terre, des

A

hommes & des Anges. Si nous la regardons
dans sa naissance, Elle estoit fille de Henry
le Grand qui reconquit son Royaume par sa
valeur; Elle estoit sœur de Loüis le Iuste qui
étouffa la rebellion & l'heresie dans la France
par la prise de la Rochelle; Elle estoit tante
de Loüis Auguste l'amour de ses sujets, le sup-
port de ses alliez, la terreur de ses ennemis,
& l'admiration des étrangers.

Si nous la considerons dans son alliance,
elle estoit femme de Charles I. Roy de la
Grande Bretagne le meilleur Prince du monde, qui possedoit toutes les vertus morales, &
à qui rien ne manquoit pour en faire vn Prince
accomply que d'estre dans la creance de l'E-
glise: Elle estoit mere de neuf enfans, quatre
garçons & cinq filles, plus recommandables
encore par leur merite que par leur nombre;
Elle estoit belle-mere de Monseigneur le Duc
d'Orleans, frere vnique du Roy, les delices de
ce Royaume, qui s'est fait craindre à nos ennemis par sa valeur; qui s'est fait aimer aux
François par sa bonté, & qui a trouvé le se-
cret inconnu à la pluspart des Princes de ga-
gner le cœur & l'amour de tous ceux, qui ont
l'honneur de l'approcher & de le connoistre.
Elle fut enfin durant l'espace de seize ans la
plus heureuse Princesse du monde, aimée du

Roy son mary, reverée de ses sujets, & adorée de ses domestiques. N'estoit-ce pas assez, Messieurs, pour pouvoir dire avec S. Paul: *Spectaculum facti sumus mundo , & Angelis , & hominibus ?* Sa naissance la plus illustre du monde, ses alliances qui ne se bornoient qu'à des Rois & à des Souverains, son bonheur qui donnoit de l'envie à tous ses voisins ne luy permettoit-il pas de dire sans vanité qu'elle estoit vn spectacle digne de l'admiration du ciel & de la terre ?

Mais si nous regardons les malheurs qui ont entre-coupé ses prosperitez , qui les ont suivies avec tant d'opiniastreté , qui les ont surpassées avec tant de rigueur & d'excés : Si nous considerons enfin sa sortie d'Angleterre, la chûte de son trône , la perte de sa couronne, la mort tragique du Roy son mary , & toutes ses autres infortunes ; ne puis-je pas luy faire dire, ou dire pour elle: *Spectaculum facti sumus mundo, & Angelis , & hominibus ?* Le monde ne s'est-il pas étonné d'vn si prodigieux changement ? Les hommes n'ont-ils pas déploré de si terribles malheurs ? Et les Anges n'ont-ils pas admiré son courage & sa patience?

Que si vous me permettez d'emprunter le secours de l'éloquence prophane & de me servir des paroles les plus magnifiques & les plus propres pour exprimer la bonne & la mauvaiſe fortune de cette Princeſſe, je vous diray, ou je vous feray dire par elle : *Quicumque regno fidit, & magna potens dominatur Aula, nec leves metuit Deos :* Quiconque met ſa confiance en vn grand Royaume, qui commande dans vn ſuperbe palais, qui donne la loy à cent villes differentes, & qui ne craint pas les revers de la fortune, *me videat, & te Troja, non vmquam tulit documenta ſors majora,* qu'il me regarde & l'Angleterre avec moy, qu'il profite de nos malheurs : car la fortune, ou pour parler plus chreſtiennement, la Providence n'a jamais donné de plus grands exemples ny de plus forts avertiſſemens aux Souverains, que ceux qu'elle leur a donnez en mon Royaume, & en ma perſonne. N'attendez donc, Meſſieurs, en cette Oraiſon funebre, qu'vne ſuite & vne revolution de proſperitez & d'adverſitez, & vn nombre preſque infiny de vertus que la Reine d'Angleterre a fait paroiſtre dans ces deux differens eſtats.

Ie ne m'étonne pas, Meſſieurs, que l'homme ſoit ſi miſerable pendant le cours de ſa vie, puiſque comme m'apprend ſaint Auguſtin, il y a deux cruels bourreaux qui le tourmentent ſucceſſivement, & qui ne luy laiſſent pas vn ſeul moment de repos : *Duo funt tortores ,* dit ce grand Docteur , *crucia-tum alternantes, timor & dolor.* Ces deux bour-reaux qui éprouvent la patience de l'hom-me, font la crainte & la douleur : car s'il eſt heureux, il craint de déchoir de ſa felicité, ſçachant qu'il n'y en a point de ſi bien éta-blie qui ne puiſſe eſtre renverſée ; & ainſi il eſt tourmenté par la crainte, *ſi bene eſt , timet ;* s'il eſt malheureux il eſt tourmenté par la dou-leur , ᵇ *ſi male eſt , dolet.* De ſorte qu'il n'y a perſonne au monde qui ſe puiſſe exemter de la miſere , puis qu'il faut qu'il craigne s'il eſt heureux, ou qu'il ſe plaigne s'il eſt miſerable. Ie n'ay jamais vû de meilleure preuve de cette verité que la Princeſſe dont je fais l'oraiſon funebre ; car ou Elle a eſté heureuſe , & Elle a eu ſujet de craindre : ou Elle a eſté maheureuſe, & Elle a eu ſujet de ſe plaindre. Commen-çons par ſon bonheur.

Rien ne fut plus glorieux ny plus magnifi-que que ſon paſſage en Angleterre : Les vaiſ-ſeaux qui la porterent eſtoient les plus beaux & les plus grands de l'Ocean : Leur grandeur les pouvoit faire paſſer pour des montagnes flotantes ou pour des écueils animez : Leurs pröües & leurs poupes eſtoient dorées : Leurs mats eſtoients peints, & je ne ſçay ſi leurs voi-les n'eſtoient point de pourpre comme ceux

de Cleopatre en la bataille Actiaque. Ils
estoient armez d'vne infinité de pieces de canon qui tiroient sans cesse, & qui joignant
leur bruit à celuy des tambours & des trom-
pettes, faisoient servir à la beauté de ce triomphe tout ce qui a de coûtume de servir à la fureur de la guerre. Les vents s'accorderent avec
les flots , & la mer demeura tranquille pour
favoriser le passage de la Reine. A cette pompe magnifique succeda la plus belle entrée du
monde; car le Roy d'Angleterre attendoit la
Reine à Douvre avec vne Cour si superbe-
ment parée, que ceux qui la virent furent
persuadez, que jamais mariage n'eut de plus
beaux ny de plus heureux commencemens.
Mais ne vous souvient-il point, Messieurs,
que les peuples d'Armenie ayant veu des couronnes peintes sur les flots au passage de Mi-
thridate, jugerent que le bonheur de son regne ne seroit pas de longue durée ; parce que
le vent qui avoit formé ces couronnes sur la
mer les avoit effacées? Ne pouvons-nous pas
faire le mesme jugement du regne de Henriette Marie de France , & dire que la felicité
n'en seroit pas longue , puisqu'elle avoit commencé sur les eaux qui ont toûjours esté le
symbole de l'inconstance. Celane se trouva
que trop vray : car à peine fut-elle arrivée à

Londres, que la mauuaife intelligence des François & des Anglois caufa celle du Roy & de la Reine, & mefla quelque froideur dans leur affection naiffante; mais ce nuage fe diffipa en vn moment, & les vapeurs qui l'auoient formé eftant écartées, il fut fuivi d'vne ferenité la plus belle & la plus longue du monde. Le Roy ayant reconnu les bonnes qualitez de la Reine, & la Reine ayant remarqué les vertus du Roy fon Epoux, ils s'aimerent parfaitement, & joüirent d'vn bonheur qui dura feize ans tout entiers. La paix de la Famille fut fuivie de celle de l'Eftat, & l'Angleterre ne fut jamais plus tranquille que fous le regne de Charles I. & de Henriette Marie.

C'eft tout dire, Meffieurs, pour exprimer le bonheur d'vn Royaume, que de dire qu'il eft paifible; car comme la paix eft la fin de tous les defirs, elle eft auffi le comble de tous les biens: & quand vn Eftat la poffede, il femble qu'il n'ait plus rien à defirer. Elle n'entre jamais qu'en triomphe dans vn Royaume, elle eft fuivie de la joye & de tous les plaifirs innocens, & l'Apoftre des Gentils nous apprend, que Dieu les donne toutes deux enfemble à fes fidelles fujets: *Deus repleat vos omni gaudio & pace.* Elle eft accompagnée de l'abon-

dance, & rendant l'affeurance au laboureur,
elle rend la fertilité à la terre : *Fiat pax in
virtute tua, & abundantia in turribus tuis.*
Elle eſt aſſiſtée de la juſtice qui regne avec elle
& qui la fait regner auſſi. Car ces deux ſœurs
ſe preſtent mutuellement la main pour ſe défendre, & elles s'embraſſent ſi étroitement
qu'on ne les peut ſeparer ſans les faire mourir toutes deux enſemble : *Iuſtitia & pax
oſculatæ ſunt.* Quand l'Ecriture nous repreſente l'heureux regne du Meſſie, elle dit qu'il
nous amenera tous ces biens, & qu'il fera
naiſtre avec luy la juſtice, l'abondance & la
paix : *Orietur in diebus ejus juſtitia & abundantia pacis.* Tel eſtoit ou à peu prés le regne
de Charles I. & de Henriette Marie. Iamais
Eſtat ne fut plus paiſible ny plus floriſſant
que le leur : Il joüiſſoit de la paix & de l'abondance ; il profitoit de la guerre qui diviſoit
malheureuſement la France & l'Eſpagne ; &
tous les peuples qui ſuivoient la fortune & qui
embraſſoient les intereſts de ces deux grands
Royaumes, ne pouvoient trafiquer qu'en Angleterre, où ils portoient leur argent pour en
rapporter des marchandiſes. C'eſtoit bien alors
qu'Elle ſe pouvoit vanter d'eſtre la Maiſtreſſe
de la mer & du trafic, de donner la loy à tous
ceux qui voguoient ſur l'Ocean, & de dire
                                      qu'on

qu'on ne pouvoit s'enrichir qu'on ne fuſt bien
avec Elle & qu'on ne marchaſt ſous ſes enſei-
gnes. Mais ne croyez pas, Meſſieurs, que cette
proſperité fut oiſeuſe ny que la Reine s'y laiſſa
corrompre. Elle l'employa dans la pratique
des plus belles vertus du Chriſtianiſme, &
Elle y fit paroiſtre ſa pieté envers Dieu, ſa
bonté envers ſes Sujets , ſon amour & ſon
reſpect envers le Roy ſon Epoux.

La Pieté eſt le fondement des veritables
vertus : Elle commence par la crainte & finit
par l'amour ; elle nous oblige à craindre Dieu
parce qu'il eſt juſte, & à l'aimer parce qu'il
eſt bon ; Mais ſi elle eſt neceſſaire à tous les
hommes, elle l'eſt encore plus aux Souverains
pour trois raiſons. La premiere , parce qu'ils
ont l'honneur de reſſembler à Dieu , & qu'ils
ont quelque part à ſon indépendance, à ſa ſou-
veraineté & à ſa puiſſance. La ſeconde , parce
qu'il leur a donné plus qu'aux autres, qu'il a
partagé ſon Eſtat avec eux , & que ſe reſer-
vant le ciel il leur a abandonné la terre : *Cœ-*
lum cœli Domino , terram autem dedit filiis ho-
minum. Si bien que ce Poëte ne flatoit pas
trop Auguſte, en luy diſant que l'Empire du
monde eſtoit diviſé entre luy & Iupiter : *Di-*
viſum Imperium cum Iove Cæſar habet. La
troiſiéme , parce qu'ils ont plus beſoin de ſa

B

protection que les autres, & qu'ils ſont inu-
tilement gardez par des ſoldats mortels comme eux, ſi Dieu qui eſt ſeul immortel ne les
garde: *Fruſtra protegitur mortalis à mortalibus
ſi non protegatur ab immortali.* Voyons la pieté
de la Reine, & permettez-moy de l'aller chercher juſque dans ſa ſource, afin que nous en
découvrions mieux toutes les beautez.

Quand LOVIS LE IVSTE ſe vit preſſé
par Charles Prince de Galles & depuis
Roy d'Angleterre, de luy donner la plus
jeune de ſes ſœurs en mariage, & qu'il jugea
que cette alliance pourroit eſtre avanta-
geuſe à ſon Eſtat, il creut que pour la rendre agreable au ciel il faloit en avoir la diſ-
penſe du Pape à cauſe de la difference des Re-
ligions. Il choiſit le R. P. Pierre de Berulle
Inſtituteur & premier General de l'Oratoire
& depuis Cardinal de la ſainte Egliſe Ro-
maine, pour repreſenter au Souverain Pon-
tife Vrbain VIII. aſſis pour lors ſur la
Chaire de ſaint Pierre, l'avantage que
l'Egliſe vniverſelle en pouvoit attendre.
Ce ſaint Preſtre réüſſit heureuſement en
cette negociation, & obtint du Pape tout
ce qu'il luy demanda de la part du Roy.
Eſtant de retour en France il eut comman-
dement d'accompagner Madame en Angle-

terre, & de prendre pour quelque temps la
conduite de sa conscience. Il s'en acquitta si
dignement qu'il remplit cette jeune Princesse
de zele pour le service de l'Eglise & pour la
conversion de l'Angleterre. Il luy fit entendre que la dispense de son mariage estoit particulierement fondée sur l'esperance qu'on
avoit conceuë qu'elle pourroit convertir le
Roy son mary & son Royaume; ou que du
moins elle adouciroit la persecution des Catholiques & leur obtiendroit la liberté de
leur Religion. Ces raisons firent vne si forte
impression sur l'esprit de la Reine, qu'elle creut
ne devoir pas tant aller en Angleterre pour
y regner, comme pour y faire regner IESVS-
CHRIST, & que sa plus importante affaire
estoit d'y établir la veritable Religion. Elle
fit bâtir vne magnifique Eglise dans sa Mai-
son de Sommerset où l'Office divin se faisoit
par dix Peres Capucins, où les Sacremens
s'administroient par ses Aumosniers Prestres
de l'Oratoire, où les Catholiques Anglois
avoient la permission d'entrer pour entendre
la sainte Messe & pour y exercer leur Religion en assurance. La Reine y alloit tous les
Dimanches & toutes les Festes pour y rendre
ses devoirs à Dieu, pour s'y recueillir & se
fortifier dans la pieté. L'Eglise respiroit

pour lors en ce Royaume : Elle y joüiſſoit du
repos ſous la protection de la Reine : & de ſi
beaux commencemens faiſoient eſperer dans
la ſuite de plus grands & de plus heureux ſuc-
cés. Le Pape Vrbain VIII. tenoit des Nonces auprés de la Reine qui traitoient avec elle
des affaires de la Religion. Il avoit vne ſi
haute opinion de la pieté de cette illuſtre
Princeſſe qu'il l'appelloit la Protectrice de
l'Egliſe dans l'Angleterre, & il déferoit tant
à ſes deſirs que de quelques Nonces qui avoient
reſidé auprés d'elle il en fit deux Cardinaux
à ſa priere. Comme l'ancienne devotion des
premiers Chreſtiens les portoit à viſiter les
tombeaux des Martyrs & à rendre leur hom-
mage à ces genereux Athletes qui avoient
perdu la vie pour la défenſe de la Foy, la
Reine voulut viſiter le lieu que les Preſtres
Anglois avoient conſacré par leur mort. Elle
répandit des larmes où ils avoient répandu
leur ſang. Elle implora leur ſecours ſçachant
le credit qu'ils avoient auprés de Dieu ; & Elle
les pria d'eſtre les Protecteurs d'vn Royaume
dont ils avoient eſté les Apoſtres. Vne action
ſi pieuſe & ſi hardie fit vn peu de bruit dans
Londres, les heretiques ne pûrent ſouffrir
que cette pieuſe Princeſſe condamnaſt leur
cruauté en honorant ceux qu'ils avoient fait

mourir, & le Roy mefme n'approuva pas vne
devotion qui pouvoit troubler la tranquillité
publique.

Si elle avoit tant de zele pour les Saints, elle
n'en avoit pas moins pour la foy qui fait les
Saints & les Martyrs : car quoy qu'elle fuft
douce de fon naturel, & qu'elle n'euft jamais
plus de peine que quand elle eftoit obligée
d'en faire aux autres, elle perdoit toute con-
fideration lors qu'il faloit foûtenir les interefts de la foy, & elle croyoit que ç'euft efté
trahir la Religion que de ne la pas défendre
avec chaleur. Vne Dame Françoife de grande
naiffance & fort attachée à l'herefie voulut
difputer avec elle, & employa tout ce qu'elle
avoit appris de fes Miniftres pour défendre
fon erreur : la Reine aprés avoir oppofé des
raifons à celles de cette Dame, qui eftant he-
retique eftoit par confequent opiniaftre, elle
luy dit avec vne force digne d'vne Princeffe
Catholique, qu'ayant l'honneur d'eftre petite
fille de S. Loüis, elle vouloit vivre & mourir
dans la créance de ce grand Roy.

Permettez-moy, MESSIEVRS, de faire
icy vne petite digreffion qui ne vous fera pas
defagreable & qui fera glorieufe à noftre Reine. Elle eftoit defcenduë de S. Loüis avec
toute l'Augufte Maifon de Bourbon, & elle

avoit vn rapport merveilleux avec luy : car
encore que ce Grand Prince poſſedaſt toutes les
vertus, on pouvoit dire qu'il poſſedoit en émi-
nence la foy, & que jamais Saint n'en a eu vne
plus ferme au regard de ce myſtere où le Fils
de Dieu prend plaiſir de ſe cacher pour exci-
ter noſtre amour & pour exercer noſtre foy.
Vous ſçavez qu'il ne voulut pas aller voir vne
Hoſtie au milieu de laquelle IESVS-CHRIST
ſe montra viſiblement aux fidelles, & qu'il fit
cette admirable réponſe à quelques-vns qui
l'en ſollicitoient, Que ceux qui en doutent y
aillent, pour moy j'en ſuis ſi bien perſuadé,
que la veuë n'augmentera point ma créance,
& je défere plus aux paroles de IESVS-CHRIST
qu'à mes yeux qui me feroient voir ce mira-
cle. Auſſi faut-il avoüer que la Reine d'Angleterre a eu vne fermeté merveilleuſe pour
toutes les choſes de la foy, & particulierement
pour l'Euchariſtie qui en eſt appellée par ex-
cellence le myſtere, *Myſterium fidei.* Ce grand
Roy aimoit l'Egliſe, & il a ſouvent pris les
armes pour la défendre contre les Sarazins &
les infidelles: Sa pieuſe fille avoit herité de luy
cet amour ; auſſi a-t-on remarqué que comme ſaint Loüis preferoit Poiſſy à Paris, parce
qu'il y avoit receu le Bapteſme ; cette Princeſſe preferoit la Religion à ſa Naiſſance, &

finiſſoit ſouvent ſes lettres par ces paroles,
Servir à Dieu c'eſt regner, pour apprendre à
tout le monde qu'elle conſideroit plus la qualité de ſervante de IESVS-CHRIST, que celle
de Reine d'Angleterre. Enfin ce Prince fut
auſſi mal-heureux qu'il fut fidelle; Quoy qu'il
n'entreprit rien que pour la gloire de IESVS-
CHRIST & pour l'avantage de ſon Egliſe,
toutes ſes entrepriſes eurent de mauvais ſuc-
cés, & dans les deux voyages qu'il fit contre
les infidelles, il perdit la liberté dans le premier,
& la vie dans le ſecond. C'eſt en quoy noſtre
grande Reine reſſembloit particulierement à
ſaint Loüis; car elle fut auſſi malheureuſe que
luy : & on peut dire ſans la flater que rien n'a
ſurpaſſé ſon malheur que ſa vertu. Auſſi, Meſſieurs, eut-elle vne devotion particuliere à ce
grand Saint : elle le prit pour ſon modelle &
pour ſon Patron : & la Providence divine qui
ne fait rien ſans raiſon, permit que la derniere
Communion de cette Princeſſe écheut à la
Feſte de ſaint Loüis; afin que celuy qui l'a-
voit protegée pendant ſa vie, la ſecouruſt encore à ſa mort.

Pendant qu'elle ſatisfaiſoit ainſi à Dieu par
ſa pieté, elle s'acquittoit des devoirs d'vne ſage
Souveraine envers ſes Sujets, & d'vne bonne
Maiſtreſſe envers ſes Domeſtiques. Quoy que

les Sujets doivent tout à leurs Souverains, les Souverains doivent auſſi quelque choſe à leurs Sujets : & ſi nous écoutons les plus ſages Politiques, nous apprendrons d'eux, que comme les Peuples ont beſoin de teſte pour les conduire, les Rois ont beſoin de bras pour les défendre ; & que ſi les Peuples ſont obligez de s'expoſer pour le ſalut de leurs Souverains, les Rois ſont obligez auſſi de s'expoſer pour le ſalut de leurs Peuples. Le Prince n'eſt pas à luy, mais à l'Eſtat : & depuis qu'il s'eſt donné à ſes Sujets, il n'eſt plus à ſoy, mais à eux : *Ex quo ſe Cæſar orbi terrarum dedicavit, ſe ſibi eripuit.* Enfin il eſt tellement le Souverain de ſes Peuples, qu'il en eſt auſſi le Pere, & qu'il doit ménager leur liberté & non pas l'opprimer. La grande Reine dont je fais l'Oraiſon Funebre eſtoit bien perſuadée de ces veritez ; car elle croyoit qu'elle eſtoit la mere de ſes Sujets, qu'elle devoit conſoler les affligez, inſtruire les ignorans, défendre les oppreſſez, & ſecourir les pauvres. Elle écoutoit leurs plaintes avec vne admirable bonté, & comme elles eſtoient ſouvent meſlées de quelques reproches contre ceux qu'ils croyoient eſtre la cauſe ou l'occaſion de leur miſere, elle leur gardoit le ſecret, & tenoit pour vne maxime de juſtice auſſi-bien que de prudence, qu'il

Ad Polyb. cap. 26.

faloit

faloit tout écouter & ne rien dire.

Elle prenoit part aux déplaifirs des affligez,
& quoy qu'elle n'eût pas encore appris la mi-
fericorde dans l'école de la mifere, & qu'elle
ne pûft pas dire comme cette Reine de la Fa-
ble ou de l'Hiftoire à des malheureux qui im-
ploroient fon fecours: *Non ignara mali mife-*
ris fuccurrere difco. Elle ne laiffoit pas d'eftre
fenfible à toutes leurs peines; & comme le
Fils de Dieu du haut des cieux & du milieu
de fa gloire reffent tous les maux que nous
fouffrons, & dit à ceux qui nous perfecutent
ce qu'il difoit autrefois à Saul qui perfecutoit
les fidelles : *Saule, Saule, quid me perfequeris ?*
La Reine reffentoit auffi du haut de fon Trône & du milieu de fa Cour toutes les peines
que fes Sujets enduroient. Elle inftrufoit les
ignorans, & ne croyoit pas faire tort à fa grandeur, d'apprendre à fes domeftiques ce qu'ils
devoient à Dieu & à leur prochain. Elle fe-
couroit les pauvres, & particulierement ceux
qui eftoient décheus d'vne haute fortune, &
que la honte empefchoit de découvrir leur
befoin. Elle prévenoit leurs prieres, & croyoit
que c'eftoit leur faire acheter trop cher vne
aumofne, que de les obliger à la demander.
Elle pratiquoit le confeil de l'Evangile, Elle
ne vouloit pas que fa main gauche fceût ce

C

que faifoit fa main droite, & pour épargner
la confufion des pauvres honteux Elle cachoit
fes liberalitez à fes domeftiques. Vne Dame
de condition eftant tombée dans la pauvreté
fe découvrit à cette Princeffe, & la conjura
de l'affifter fans la diffamer : en ce fiecle
on a plus de honte de la mifere que du pe-
ché , & on redoute plus le nom de pauvre que
celuy de criminel. Pour s'accommoder à la
foibleffe de cette Dame malheureufe elle choi-
fit le temps que fes femmes n'eftoient pas auprés d'Elle, & ouvrant fon cabinet Elle y prit
vne fomme confiderable qu'Elle mit dans vne
caffette, & ne la pouvant porter Elle fut contrainte de la traifner pour la remettre entre
les mains de celle qui l'attendoit, & luy épargner la honte en la fecourant dans fon befoin. Si Elle eftoit fi bonne à fes fujets , Elle
fut encore meilleure & plus foûmife au Roy
fon Mary.

Il n'y a point d'amitié plus étroite que celle
du Mariage , & l'on peut dire que toutes les
autres n'en font que de foibles & de mauvaifes
còpies. Tout eft commun entre le mary &
la femme, & ces mots fâcheux de mien & de
tien qui caufent tous les malheurs de la terre,
en font bannis heureufement : la femme n'eft
pas à elle , mais à fon mary ; & le mary n'eft

pas à foy, mais à sa femme : comme ils n'ont
qu'vn cœur, ils n'ont point de secrets l'vn pour
l'autre ; comme ils n'ont qu'vn corps & qu'vne
ame, ils partagent leurs biens & leurs maux
également ; & comme l'amitié double en
quelque façon leurs afflictions , elle double
aussi leurs contentemens & leurs plaisirs:
Quand ils ont des enfans que l'Escriture ap-
pelle les fruits & les benedictions du mariage:
Filii merces fructus ventris; ce sont autant de
liens qui serrent encore plus étroitement
cette amitié naturelle ; & le mary & la femme
se voyant dans leurs enfans , ils se croyent
obligez de s'aimer dans leurs images , & d'é-
tendre leur amour sans le diviser ny l'affoi-
blir.

Toutes ces choses, Messieurs, se sont trou-
vées dans le mariage de Charles I. Roy de la
grande Bretagne , & de Henriette Marie de
France. Il sembloit que la nature les avoit
faits l'vn pour l'autre, & que la difference qu'il
y avoit entre leurs humeurs contribuoit à entretenir leur amitié: car le naturel de Charles
estoit doux & vn peu froid , celuy de Henriette Marie vif & promt: Charles estoit fort
attaché à sa Religion , & Henriette Marie
l'estoit encore plus à la sienne: Charles aimoit
l'Angleterre , & Henriette aimoit la France.

Cependant, Meſſieurs, dans cette diverſité d'humeurs & d'intereſts, il ne s'eſt jamais veu d'amitié plus tendre ny plus forte que la leur : le Roy avoit de l'amour & de la tendreſſe pour la Reine, la Reine avoit du reſpect & de la complaiſance pour le Roy ; & leurs cœurs eſtoient ſi étroitement vnis, qu'ils vouloient toûjours vne meſme choſe. Il n'a jamais falu de mediateur pour les accommoder, & pendant ſeize ans qu'ils ont vécu enſemble, ils n'ont point eu de differend qui ait troublé le moins du monde leur amitié. Les biens & les maux leur eſtoient communs. Ce qui affligeoit le Roy, affligeoit la Reine. Ce qui plaiſoit à la Reine, plaiſoit au Roy. La peine & la joye de l'vn eſtoit la peine & la joye de tous les deux. Quand le Roy d'Angleterre alla en Eſcoſſe, & qu'il fit ſon Entrée dans Edimbourg la capitale du Royaume, l'Hiſtoire dit qu'on ne peut rien ajoûter à cette magnifique ceremonie, & que tout ce que des Sujets peuvent faire pour témoigner leur reſpect & leur amour à vn Souverain s'y remarqua juſques à l'excés, s'il y en peut avoir en des occaſions où il ſemble que la moderation ſeroit vn defaut. Cependant le Roy ne ſe put empeſcher de dire que la principale choſe qui pouvoit rendre ce triomphe accom-

ply, y avoit manqué ; qui eſtoit la preſence de
la Reine, ſans laquelle il ne pouvoit goûter
vn plaiſir entier.

Si leur joye eſtoit commune, je puis dire
avec plus de verité que leurs maux l'eſtoient
encore davantage, & que jamais l'vn de ces
deux cœurs ne fut bleſſé, que l'autre n'en reſ-
ſentiſt le contre-coup. Le Roy dans tous les
malheurs qui l'accueillirent, ne ſentit jamais
tant ſa captivité que la douleur qu'elle cau-
ſoit à la Reine ; & la Reine ne ſe creut jamais
libre tandis que le Roy ſon mary fût dans la
priſon. Mais je ne m'apperçois pas, Meſſieurs,
que je meſle des épines parmy leurs roſes avant
le temps ; que je dois conſiderer encore la
Reine d'Angleterre dans la proſperité, & qu'il
me reſte à vous dire pour vous la repreſenter
toute entiere, que ſon mariage fut accompa-
gné d'vne fecondité merveilleuſe, qu'Elle eut
neuf enfans, quatre maſles & cinq filles , &
tous dignes de leur auguſte naiſſance. Vous
connoiſtrez le merite de ceux qui ſont morts,
par le merite de ceux qui ſont encore vivans.

Le Roy Charles II. qui regne aujourd'huy
ſi heureuſement dans l'Angleterre, & qui eſt
remonté ſi glorieuſement ſur le trône de ſon
Pere, eſt vn Prince qui a autant d'eſprit que
de cœur, qui ſçait l'art de vivre & l'art de

regner, qui connoiſt les ſecrets de la politi-
que & de la morale, qui n'a pas dédaigné de
joindre les ornemens de l'ame aux exercices
du corps, & duquel on peut dire ſans le flater
qu'il eſt le plus vaillant, le plus ſpirituel, &
le plus honneſte homme de ſa Cour. Le Duc
d'Yorc a toutes les qualitez que demande vn
frere de Roy; il a donné des preuves de ſon
courage en mille occaſions; il eſt le bras droit
du Roy ſon frere; & ſa naiſſance toute glo-
rieuſe qu'elle eſt, n'obſcurcit point ſon merite qui l'égale ou qui la ſurpaſſe. Henriette
Ducheſſe d'Orleans & femme de Monſei-
gneur le frere vnique du Roy eſt vne Princeſſe
que le ciel a comblée de toutes ſortes de gra-
ces : Elle a de l'eſprit infiniment, mais du beau,
du fin & du délicat : ſon cœur eſt grand &
genereux: ſon humeur eſt obligeante : Elle n'a
point de plus grand plaiſir que quand Elle en
peut faire à quelqu'vn : ſon corps eſt digne de
ſon ame ; & ſes yeux nous font bien connoî-
tre qu'elle eſt née pour commander à tout le
monde : Enfin pour vous dire en vn mot tout
ce que j'en penſe, elle reſſemble à la Reine ſa
mere, & elle nous la fait voir telle qu'elle
eſtoit dans ſa jeuneſſe & dans ſa bonne fortune.

  Ie penſe, Meſſieurs, que vous eſtes bien

perſuadez qu'on ne pouvoit eſtre plus heureuſe dans le monde que l'eſtoit Henriette
Marie, ny plus vertueuſe qu'Elle eſtoit dans ſa
proſperité. Mais celle-cy ne dura que ſeize
ans pour le plus, & Elle fut ſuivie d'vne diſ-
grace qui n'a peut-eſtre jamais eu d'égale. Ne
ſoyez pas en peine pourtant de la maniere
dont Elle la portera ; puiſque la proſperité
ne l'a pû corrompre, je vous répons par avan-
ce que l'adverſité ne l'abattra point, & qu'Elle ſera auſſi vertueuſe dans l'vne qu'Elle l'a
eſté dans l'autre : car c'eſt vne verité indubi-
table que celuy qui n'a point eſté inſolent
dans la proſperité, ne ſera point lâche dans
l'adverſité : *Quem non corrupit proſperitas, non
franget adverſitas.*

Les choſes de la terre ſont ſi inconſtantes
qu'elles ne demeurent jamais en vn meſme
eſtat ; & comme la mer engloutit dans ſon
ſein les vaiſſeaux qui ſe ſont joüez ſur ſon dos,
vbi luſerunt navigia abſorbentur, la fortune
abat les Royaumes qu'elle a pris plaiſir d'éle-
ver. L'Angleterre ſe vit troublée en vn moment par vne faction épouventable, qui ſe
ſoûlevant contre ſon Prince legitime luy diſ-
puta d'abord l'autorité, & enfin avec le temps
luy enleva le ſceptre, la couronne, & la teſte.
Ce mouvement horrible eut deux cauſes ; la

premiere fut la trop grande felicité qui me-
nace les Eſtats les plus heureux d’vn ſoudain
renverſement : *Cladis cauſas ſi aliæ deficiant,*
nimia ſibi fœlicitas invenit. La Religion fut
la ſeconde, & les Indépendans oppoſez aux
Presbyteriens ſe revolterent contre le Prince
qui tenoit pour les Proteſtans, ce qui m’oblige de m’écrier avec le Poëte : *Tantum religio*
potuit ſuadere malorum.

Tous les heretiques ſont ou veulent eſtre
indépendans : ils deſcendent de ces fameux
enfans de Belial qui avoient ſecoüé le joug
de la Loy de Dieu, & qui n’en avoient point
d’autre que leur volonté : *Filii Belial abſque*
jugo. Les Proteſtans qui ſont les plus anciens
heretiques d’Angleterre avoient eſté touchez
de quelque pudeur ; ils avoient retenu les
ceremonies, les images, & les noms de Prê-
tres & d’Eveſques ; mais ils s’eſtoient malheureuſement ſeparez du premier des Evê-
ques & du Siege de ſaint Pierre, qui eſt le
centre de l’vnité. Les Presbyteriens ne recon-
noiſſoient point l’autorité des Eveſques ny
des Preſtres, & l’avoient toute renfermée dans
la perſonne de leurs Miniſtres ou plûtoſt dans
leurs Aſſemblées & dans leurs Conciliabules.
Mais les Independans plus hardis & plus inſolens qui ne relevent que de Dieu & de leur
épée,

épée, acheverent ce que les autres avoient commencé , & aprés avoir oſté la puiſſance à l'Egliſe , aux Eveſques , aux Miniſtres , aux traditions & à l'Eſcriture meſme , en l'aſſujettiſſant à leur eſprit particulier , c'eſt à dire à leur caprice ; ils ſe revolterent contre leur Prince naturel , & luy oſterent l'Empire & la vie.

La Reine voyant que les rebelles tenoient la campagne & s'eſtoient emparez de quelques villes , ſe reſolut d'aller chercher du ſecours en Hollande ſous pretexte d'y conclure le mariage de la Princeſſe ſa fille aiſnée avec le fils du Prince d'Orange ; mais en effet pour en tirer des forces & pour amener au Roy ſon Mary des hommes , des vaiſſeaux & des munitions. Son voyage fut aſſez heureux , & quoy qu'Elle trouva quelques oppoſitions de la part des Hollandois qui favoriſoient ſecrettement les rebelles d'Angleterre , Elle obtint vne partie de ce qu'Elle deſiroit , à la faveur du Prince d'Orange.

Mais comme s'il ne ſuffiſoit pas que la terre s'oppoſaſt à ſes deſſeins , la mer les combatit encore de ſon coſté , & il s'éleva vne tempeſte qui menaça toute ſa flotte du naufrage. Vn plus jeune que moy vous en feroit la deſcription : mais je me contenteray de vous dire que

D

les plus vieux matelots avoüerent qu'ils n'en
avoient jamais veu de plus furieufe ny de plus
longue : de plus furieufe , parce que les vents
eftoient contraires , que les vaiffeaux eftoient
proches de la France & de l'Angleterre , &
qu'ils craignoient plus les écueils que les flots:
de plus longue, parce qu'elle dura onze jours
& onze nuits , & que les tenebres qui les con-
fondoient enfemble augmentoient la crainte
& le danger. La Reine eut recours au Ciel &
tafcha de l'appaifer par la penitence ; cette
vertu luy donna de la force , & eftant bien
avec Dieu , Elle creut qu'elle ne devoit point
apprehender la mer ny les vents. Elle s'ap-
privoifa mefme avec la mort , & la regarda
avec quelque forte de mépris ou d'indifferen-
ce. Elle foûmit fa fortune à la volonté de
Dieu , & encourageant fes domeftiques,
leur dit, qu'autant que fa memoire luy pouvoit fournir d'exemple , Elle ne fe reffouve-
noit point qu'vne Reine eût jamais fait naufrage. Ces paroles , Meffieurs, ne tenoient
rien de l'infolence du premier des Cefars,
quand il dit à fon Pilote étonné de la tem-
pefte : *Medias perrumpe procellas, tutela fecure
mei.* Mais fi elles marquoient plus de mode-
ftie , elles ne marquoient pas moins de courage & de fermeté : Elle fut contrainte pour-

tant de relâcher en Hollande , d'où Elle partit
quelque temps aprés , & arriva heureusement
en Angleterre.

Comme le secours qu'elle y avoit mené
n'estoit pas fort considerable , & que les rebelles se rendoient de jour en jour plus inso-
lens & plus forts , Elle fut obligée de retour-
ner en Hollande pour y recouvrer des hommes & des vaisseaux : Elle n'apprehenda point
la mer qui l'avoit si maltraitée. L'amour
qu'Elle portoit au Roy son mary la fit triom-
pher de la crainte , & verifia ces paroles de
l'Escriture : *Perfecta charitas foras mittit timo-
rem.* Aprés avoir assemblé quelques troupes, &
gagné au service du Roy son Mary plusieurs
Officiers Anglois qui servoient les Estats , &
aprés s'estre fait rendre vn vaisseau chargé de
munitions que les Hollandois avoient arresté,
Elle aborda heureusement dans la Province
d'Yorc : mais à peine estoit-Elle descenduë
dans vn village , que quatre vaisseaux des rebelles approchans du rivage tirerent sur la
cabane où Elle s'estoit retirée , si bien qu'Elle
fut contrainte de se lever de son lit & de des-
cendre dans vn valon , où la terre que les bou-
lets de canon faisoient voler en l'air , retom-
boit sur sa personne sacrée.

Son courage neanmoins les étonna , & la

fidelité fe rallumant dans le cœur des Gouverneurs de Place & des Officiers d'armées,
Elle s'approcha des troupes du Roy, & y joi-
gnit celles qu'Elle luy avoit amenées. Il femble,
Meffieurs, que le ciel vouluft donner quelque relâche aux difgraces de la Reine; car
plufieurs Villes fe rendirent à Elle, plufieurs
Gouverneurs traiterent avec Elle, & s'em-
prefferent à luy donner des preuves de leur
confiance & de leur refpect. Quand l'armée
du Roy fut groffie par la fienne, il prit des
Places, il remporta des Victoires, & il ne fe
paffa point de jour qu'il n'eût quelque avantage fur fes Ennemis : de forte qu'on pouvoit
dire de ce Prince ce qu'vn Poëte dit autrefois d'Achilles, Que dans fa marche il gagnoit
des batailles : & que ce qui euft efté la gloire
& le chef-d'œuvre d'vn autre Prince, n'eftoit
que le paffage & le coup d'effay de Charles I.
Alterius effet gloria ac fummum decus, iter eft
Achillis.

Mais comme les momens font chers à la
guerre, & que la perte d'vne occafion traîne
avec foy la ruine de toute vne armée ; le Roy
vit diffiper la fienne pour l'avoir voulu divi-
fer, & attaquer deux petites Villes qui cou-
vroient celle de Londres. Car fi tenant fes
troupes toûjours vnies il fût allé droit à la ca-

pitale du Royaume, comme la Reine l'en
prioit, il y fuſt entré victorieux ; & il euſt heureuſement fini la guerre. Depuis ce funeſte
moment les rebelles reprirent cœur, ils for-
tifierent leurs troupes & leurs villes ; & s'é-
tant rendus les maiſtres de la campagne, ils
contraignirent la Reine de laiſſer le Roy à
Oxfort, & de ſe retirer à Exeter pour y faire
ſes couches.

A peine eut-elle mis au monde Madame,
qu'on peut appeller la fille de ſa douleur,
qu'Elle fut forcée de l'abandonner, de mon-
ter dans vne litiere, de s'aller embarquer à
Pendinis pour ſauver ſa vie & ſa liberté, &
pour venir chercher vn azile dans la France.
Permettez-moy, Meſſieurs, de vous repreſenter
icy le déplorable eſtat de cette illuſtre Princeſſe ; il n'y avoit que quinze jours qu'Elle
eſtoit accouchée de Madame ; il n'y avoit que
ſix ſepmaines qu'Elle s'eſtoit éloignée du Roy ;
& Elle ſe voit reduite à laiſſer ſon mary, ſa
fille & ſon royaume. La Providence divine
& les ſoins d'vn Preſtre de l'Oratoire, l'vn de
ſes plus fideles domeſtiques, luy firent trou-
ver vn vaiſſeau armé de quarante-quatre pieces de canon, dans lequel Elle ſe jetta avec
ſes femmes pour éviter la fureur des rebelles
qui la pourſuivirent en mer, qui tirerent ſur

ſon vaiſſeau , & qui eſſayerent de luy oſter la
vie aprés luy avoir voulu oſter l'honneur. Car
ces inſolens firent vne Declaration par laquelle ils l'accuſerent , avec autant d'injuſtice
que de fauſſeté , qu'Elle eſtoit criminelle de
Leze-Majeſté ; parce qu'Elle avoit allumé la
guerre dans l'Angleterre, qu'Elle l'entretenoit
en Eſcoſſe , & qu'Elle avoit vendu ou engagé
les pierreries de la Couronne : comme ſi ces
preuves de fidelité pour le ſervice du Roy ſon
mary, & pour la défenſe du Royaume eſtoient
des crimes, & des crimes de Leze-Majeſté.
Enfin cette Princeſſe infortunée aborda en
France avec tous ſes malheurs , & fut l'étonnement & l'admiration de toute la Cour &
de tout le Royaume. Ne pût-Elle pas dire
pour lors , *Spectaculum facti ſumus mundo, &
Angelis, & hominibus?* En effet, Meſſieurs, ſes
diſgraces rehauſſerent ſa majeſté : nous la vî-
mes avec plus de veneration dans ſon adverſité, que nous ne l'avions veuë dans ſa proſperité : & nous avoüiames qu'Elle ne nous avoit
jamais paru plus grande , que dans ſon infor-
tune : *magna cum majeſtate malorum.*

　　Toutes ces diſgraces ne luy abattirent pas
le cœur , Elle les receut avec patience & avec
ſoûmiſſion ; mais ſans rien perdre de ſa force
ny de ſon courage , Elle eſſaya de ſecourir le

Roy fon mary, de luy envoyer des vaiffeaux
& des munitions, de le confoler par fes lettres,
& de prendre part à fes déplaifirs & à fes dou-
leurs. Elle enleva le Duc d'Yorc à fes ennemis, & le fit venir en France prés de fa perfonne. Elle recouvra Madame par les foins de
fa Gouvernante, deux ans aprés l'avoir per-
duë. Elle n'oublia rien de tous les foins que
l'amour conjugal & maternel peuvent infpi-
rer ; & Elle agit avec autant de force & de
liberté d'efprit, que fi Elle euft regné paifi-
blement dans l'Angleterre.

Il eft vray que noftre Roy & la Reine fa
mere effayerent non feulement de la confoler,
mais de la fecourir dans fes malheurs. Ils luy
affignerent des penfions dignes de fa naiffance & de leur liberalité. Ils luy donnerent des
fommes confiderables pour fecourir le Roy
fon mary : Et ils firent voir que dans leur
profperité ils n'eftoient pas infenfibles à fa mifere & à fon affliction. La Reine mere en vfa
felon fon inclination, qui eftoit tendre & ge-
nereufe. Et fi l'eftat des affaires luy euft permis de l'affifter plus efficacement, Elle l'euft
fait avec joye. Mais en mefme-temps qu'il y
avoit vn trône renverfé dans l'Angleterre, il
y en avoit vn ébranlé dans la France : & la
puiffance de la Reine mere du Roy, n'égaloit
pas fon affection.

Si noftre Augufte Monarque euft efté pour lors le maiftre de fa Perfonne & de fon Royau-me, comme il l'eft maintenant, il euft fans doute paffé la mer pour aller fecourir vn Roy à qui fes Sujets difputoient impudemment l'autorité : & il euft fait voir qu'il fçait pu-nir les rebelles & fecourir fes alliez, parti-culierement quand ils font Souverains com-me luy. Ie m'imagine que vous vous attendez que j'en faffe icy l'éloge, & que je vous re-prefente en petit vn Prince qui a le cœur plus vafte que l'vnivers : mais il y a long-temps que je fuis perfuadé qu'il eft au deffus de nos loüanges, que nous luy faifons tort quand nous voulons luy en donner quelques-vnes, & que nous le devons traiter avec le mefme refpect que l'Ecriture a traité le Grand Ale-xandre : car jugeant bien que l'éloquence eftoit trop foible pour loüer ce Heros, Elle a eu recours au filence, & Elle s'eft conten-tée de dire que la terre étonnée de fes com-bats & de fes conqueftes eftoit en filence & en admiration devant luy : *Et filuit omnis terra in confpectu ejus.* En effet, Meffieurs, ne pouvons nous pas dire la mefme chofe de nô-tre Monarque ? L'Europe n'eft-elle pas furprife de toutes fes actions heroïques, n'admire-t-elle pas fa moderation dans fes victoires, & n'ex-

　　　　　　　　　　　　　　　　prime-t-elle

prime-t-elle pas fon étonnement par fon filence ? *Et filuit omnis terra in confpectu ejus.* Mais achevons l'hiftoire des malheurs de nôtre infortunée Princeffe, & difons qu'Elle flota long-temps entre l'efperance & la crainte, felon que les armes du Roy fon époux avoient d'heureux ou de malheureux fuccés.

La perte de la bataille de Nasbi où toute l'infanterie du Roy fut taillée en pieces, où fon canon & fon bagage fut pris, changea l'eftat de fes affaires, & laiffa tous fes ferviteurs dans le defefpoir de le fecourir. Les troupes rebelles fe groffirent. Le Roy tomba entre leurs mains, Il fut pendant deux années traduit de prifon en prifon, jufqu'à ce qu'eftant mené à Londres il y fut enfin décapité. Paffons cet attentat execrable fous filence, enfeveliffons-le dans vn oubly eternel: & puis qu'il eft la honte de noftre fiecle & l'horreur des fiecles futurs, contentons-nous de le détefter fans vous en parler davantage.

Mais faifons quelque reflexion fur cette mort fi funefte & fi tragique, pour l'inftruction de tous les Princes de la terre. Apprenons-leur qu'ils dépendent de la Providence divine : & que quand elle les abandonne, toute leur puiffance n'eft pas capable de les défendre. Ils doivent imiter ce favory qui prit

E

vn quadran expoſé au ſoleil pour le corps de
ſa deviſe, avec ce mot qui l'animoit, *aſpice vt
aſpiciar* : voulant faire entendre à ſon Prince
que comme on ne regardoit vn quadran que
quand le ſoleil le regardoit, on ne le con-
ſidereroit auſſi à la Cour qu'autant qu'il ſeroit conſideré de luy, *aſpice ut aſpiciar*. Que
les Rois tiennent le meſme langage, & qu'ils
diſent à Dieu, avec vne profonde humilité: Iet-
tez vos yeux ſur nous ſi vous voulez que nos
Sujets nous reſpectent; car auſſi-toſt que vous
ne nous regarderez plus d'vn œil favorable, la
majeſté s'effacera ſur noſtre front, & le reſpect
s'effacera dans le cœur de nos Sujets, *aſpice
vt aſpiciar*.

Ou bien diſons que les Rois ſont les images mortelles du Dieu vivant. Il prend plaiſir
de ſe rendre viſible en leur perſonne, il ſe
peint ſur leur viſage avec des rayons de lu-
miere, & il perſuade aux peuples qu'ils voyent
leur Dieu quand ils voyent leurs Souverains.
Mais cette image, Meſſieurs, eſt ſemblable à
celle que nous formons dans la glace d'vn
miroir quand nous nous y regardons ; elle
exprime tous nos traits, elle repreſente tout
ce que nous ſommes & tout ce que nous fai-
ſons, & il ſemble qu'elle ſoit vn autre nous-
meſmes, tant elle a de rapport avec nous : mais

cette image dépend si absolument de nostre
presence qu'elle cesse d'estre aussi-tost que
nous cessons de la regarder , & en mesme
temps que nous nous détournons du miroir,
elle se perd & s'évanoüit dans l'air : Il en est
ainsi de tous les Rois , ils sont les images de
Dieu , ils representent sa Personne , ils soû-
tiennent son authorité , & ils paroissent des
Dieux tandis que Dieu les anime par ses re-
gards : mais dés lors qu'il s'éloigne de leur
personne, qu'il cesse de se mirer en eux,ils ces-
sent aussi de vivre & de regner , & ils per-
dent avec sa protection leur éclat, leur grandeur & leur majesté : *Avertente autem te fa-
ciem turbabuntur :* dit vn Roy qui connoissoit
bien cette verité. C'est pourquoy les Rois
doivent dire incessamment à Dieu ces paroles : *Ne projicias me à facie tua , & Spiritum
tuum ne auferas à me.* Mais quand cesse-t-il de
les regarder & d'entretenir par sa presence
cette grandeur qui les rend redoutables à
leurs Sujets ? C'est quand il luy plaist. Et ce
Souverain, le Maistre de tous les souverains
de la terre , ne rend point de raison de sa conduite. Il cesse de regarder Charles I. Roy
d'Angleterre ; parce qu'encore qu'il eust toutes les vertus morales, il n'avoit pas la foy de
l'Eglise. Que comme elle est la source de

toutes les vertus chreſtiennes, l'infidelité eſt
la ſource de tous les pechez. Et que ſelon la
maxime de l'Ecriture, Celuy qui ne croit pas
eſt déja jugé, *qui non credit jam judicatus eſt.*
Il tient des conduites differentes ſur les autres
Rois, il les abandonne, & il ceſſe de les regarder, tantoſt pour vn blaſphême, tantoſt
pour vne injuſtice, tantoſt pour vn adultere,
tantoſt pour vn meurtre : *Terribili ei qui au-
fert ſpiritum principum,terribili apud reges terra.*
Depuis que la Reine d'Angleterre eut perdu ſon cher Eſpoux, Elle creut que puis qu'il
eſtoit mort Elle devoit mourir à toutes choſes,
& s'enſevelir toute vivante avec luy : Elle re-
nonça à la pompe des habits qu'Elle avoit autrefois aimée, Elle ne porta plus de couleur,
Elle n'alla plus au bal ny à la comedie, & Elle
n'eut plus de filles d'honneur ny de pages :
Ce ne fut pas vn petit ſacrifice pour vne Princeſſe qui avoit aimé autrefois tous ces ornemens, & qui s'eſtoit ſentie obligée d'en faire
des excuſes à ſon Confeſſeur : car eſtant vn
jour entré dans ſa chambre lors qu'Elle eſtoit
ſuperbement parée, qu'Elle portoit vne robe
de couleur toute couverte de perles & de dia-
mans, Elle luy dit qu'il faloit pardonner à la
jeuneſſe, & que quand Elle auroit atteint
l'aage de quarante ans Elle prendroit le noir

& quitteroit la couleur : Helas Meſſieurs, ce
fut vne prédiction qu'Elle fit ſans y penſer !
car Elle n'avoit que quarante ans quand Elle
perdit le Roy ſon Mary , & qu'Elle quitta
tous ſes ajuſtemens pour ſe condamner à vn
deüil qui dura toute ſa vie ; Elle reconnut
meſme que la miſericorde de Dieu l'avoit pu-
nie pour la ſauver, & qu'il luy avoit oſté tous
ſes ſuperbes emmeublemens pour la détacher
du ſiecle.

Il faut que je vous rapporte icy vn diſcours
qu'Elle fit à vne Ducheſſe plus illuſtre encore
par ſon merite que par ſa naiſſance : Comme
elle s'entretenoit avec Elle de ſes malheurs,
Elle luy dit ; Ie ne doute point, Madame, que
vous n'ayez compaſſion de moy, me voyant
reduite à vn ſi déplorable eſtat, & que vous
ne plaigniez vne Reine qui n'a plus de Sceptre ny de Couronne : mais ſi vous aviez veu
ma condition paſſée , & que vous la puſſiez
comparer avec la preſente, vous en feriez encore plus ſenſiblement touchée : car je vivois
dans vne pompe qui pouvoit donner de l'envie à toutes les Reines du monde ; mes Palais
eſtoient magnifiques , mes meubles eſtoient
exquis & précieux , & l'on voyoit dans mes
chambres & dans mes cabinets, les dépoüil-
les de l'Amerique & de l'Aſie ; mes ſujets me

reveroient, mes domeftiques m'aimoient, &
le Roy Monfeigneur, ce que je ne puis dire
fans confufion, m'adoroit : Cependant, Madame, je me foûmets à la volonté de Dieu,
je ne regrette point ma bonne fortune, qui
euft efté la caufe de ma perte, & je reconnois
que ma difgrace eft plûtoft vn effet de fa mi-
fericorde que de fa juftice : Elle perfifta toûjours dans ces pieux fentimens, & Elle paffa
douze ans depuis la mort du Roy fon Mary,
jufqu'au rétabliffement du Roy fon Fils, dans
l'amertume & dans la douleur.

Car ce Prince effaya de remonter fur fon
thrône ; il paffa en Efcoffe où il fut couronné,
& puis il entra dans l'Angleterre avec vne
armée de trente mille hommes. Il y donna
vne bataille qu'il perdit, quoy qu'il euft fait
de la tefte, du cœur & de la main, tout ce
que peut faire vn grand Prince qui veut recon-
querir fon Royaume : Il fut contraint de mon-
ter fur vn arbre pour fe dérober à la cruauté
de fes ennemis, qui vouloient ajoûter parricide à parricide, & tremper leurs mains dans
le fang du fils, après les avoir trempées dans
celuy du pere. Les Catholiques eurent le bonheur de le recevoir dans leurs maifons, de le
cacher aux rebelles, de le conduire feurement
au Port, & de luy donner le moyen de venir

chercher son salut dans ce Royaume. Ne pas-
sons pas cet endroit sans remarquer la vanité
des grandeurs du monde, & sans nous écrier
avec le Sage : *Vanitas vanitatum & omnia vanitas.* Qu'est-ce que la puissance des Rois,
quand elle n'est pas appuyée de la protection
du ciel ? Trente mille hommes ne peuvent
pas les défendre, lors que Dieu a resolu de les
perdre : & les feüilles des arbres les couvrent
& les défendent, lors que Dieu a resolu de
les sauver.

Enfin le Ciel se lassa , & si je l'osois dire
aprés vn prophane, il eut honte de persecuter
vne Princesse innocente ; il rétablit le Roy
son fils, il changea le cœur de ses sujets , &
lors qu'on l'esperoit le moins il le fit remonter sur le thrône de ses Ancestres. Elle alla
incontinent aprés en Angleterre pour y prendre part à la gloire du Roy son fils : Elle y
mena Madame avec Elle, & pour comble de
bonheur, Elle reconcilia le Duc d'Yorc avec
le Roy son frere, & revint en France pour y
marier Madame avec Monsieur le Duc d'Orleans : Mais ne pensez pas que ce voyage fut
sans allarmes & sans danger , son vaisseau
battu de la tempeste s'échoüa, & elle se vit
entre la crainte de la mort & l'esperance de
la vie, durant l'espace de vingt-quatre heures.

Comme vn mal ne va jamais ſeul , & que la
fin de l'vn eſt ſouvent la naiſſance de l'autre :
Finis alterius mali gradus eſt futuri. Madame
eut la rougeole , & pour la guerir de ce mal
la Reine fut contrainte de relâcher en Angleterre, & de deſcendre à Porthemout. Vn mois
aprés Elle revint en cette Cour , & acheva
heureuſement le mariage de Madame avec
Monſieur , qui avoit eſté vn de ſes plus vio-
lens deſirs. l'aurois cent choſes à vous dire ſur
cette alliance, & ſur le merite des deux Perſonnes qui la contraĉterent ; mais il eſt temps
que je finiſſe , & je craindrois que parmy tant
de ſujets lugubres , on ne m'accuſaſt d'y mê-
ler indiſcrettement les magnificences d'vne
nopce : *Muſica in luĉtu importuna narratio.*
Et puis il me faudroit plus de temps qu'il ne
m'en reſte pour parler d'vn Heros & d'vne
Heroïne qui font la gloire & la joye du ſiecle
preſent , & de leurs illuſtres deſcendans qui
feront l'ornement des ſiecles futurs. La Reine
ayant ſatisfait à l'amour qu'Elle avoit pour
Madame , repaſſa en Angleterre en intention
d'y finir ſes jours ; mais la Providence divine
qui avoit d'autres deſſeins ſur ſa Perſonne ne
l'y laiſſa que trois ans , pendant leſquels Elle
donna mille preuves de ſa Pieté envers l'E-
gliſe , de ſa bonté envers ſes ſujets , de ſa tendreſſe

dreſſe envers les Catholiques, & de ſa compaſſion meſme envers les heretiques : mais
n'omettons pas icy les ſaintes diſpoſitions
qu'Elle eut en entreprenant ce voyage, &
qu'Elle découvrit à ſon Confeſſeur en ces propres termes. Si je conſultois ma ſanté, je
n'irois pas en Angleterre ; mais comme je
conſulte mon devoir, il faut que j'y aille pour
y ſervir l'Egliſe, & pour y aſſiſter les Catholiques. Ie ne ſçay pas ce que le ciel m'y pré-
pare ; mais je ſuis diſpoſée à toute ſorte d'é-
venemens. Ie n'ay pas aſſez de courage pour
demander le martyre ; mais je ſens aſſez de
force pour le ſouffrir s'il ſe preſente. Ne ſont-
ce pas là les ſentimens d'vne Reine tres-chrê-
tienne, & d'vne petite fille de ſaint Loüis.
Auſſi-toſt qu'Elle fut arrivée à Londres ſes
premiers ſoins furent de faire reparer ſa Cha-
pelle, d'y donner des ornemens, de rétablir
tout ce que l'impieté y avoit ruiné, & de pro-
curer aux Catholiques la liberté d'aſſiſter au
ſaint Sacrifice de la Meſſe. On admira pendant vn ſejour de trois ans qu'Elle y fit, ſa
bonté à diſſimuler les injures & à pardonner
aux coupables, ſa juſtice à proteger les innocens, ſa memoire à ſe ſouvenir des familles
& des perſonnes qu'Elle y avoit autrefois

connuës ; & enfin toutes les vertus , dans les
differentes occaſions qui s'offrirent de les pra-
tiquer.

Son indiſpoſition l'obligea de repaſſer en
France : & la divine Providence le permit,
afin qu'Elle n'euſt pas le déplaiſir de voir la
peſte ravager toute l'Angleterre, & le feu
conſumer toute la ville de Londres. Vous ſçavez le reſte de la vie de noſtre illuſtre Princeſſe. Vous eſtes les témoins de ſes actions.
Vous l'avez veuë vivre, ou dans le deſert de
Colombe, ou dans le Cloiſtre de ſainte Marie.
Vous l'avez veuë profiter de ſes diſgraces paſ-
ſées, mépriſer ſes proſperitez preſentes, ſoû-
pirer aprés le ciel, & ſe diſpoſer à la mort.
Elle fut ſoudaine à la verité, mais elle ne fut
pas impreveuë ; puis qu'Elle y avoit penſé toute ſa vie, qu'Elle en avoit ſouvent parlé, que
le jour qui la préceda Elle s'en entretint deux
heures entieres avec ſon Confeſſeur, qu'Elle
s'eſtoit offerte à Dieu comme victime, &
qu'Elle attendoit en patience le coup qui devoit achever ſon ſacrifice.

Ainſi véquit, ainſi mourut Henriette Marie, fille de France , & Reine de la Grande
Bretagne , qui vous dit encore de ſon tom-
beau les paroles de mon texte : *Spectaculum*

facti fumus mundo, & Angelis, & hominibus.
Qu'Elle a esté vn spectacle digne de l'admiration des hommes dans son bon-heur : Qu'Elle
a esté vn spectacle digne de l'étonnement des
Anges dans son mal-heur : Qu'Elle a pû donner
de l'envie aux plus grandes Princesses dans sa
prosperité : Qu'Elle a pû donner de la com-
passion aux plus miserables dans son adversité :
Qu'Elle a pû donner de la crainte aux Souverains dont le thrône paroist le mieux affermy :
Qu'Elle peut donner de l'esperance à ceux
dont le thrône est renversé : Mais avant que
de finir ce discours, permettez-moy de vous
demander le secours de vos Prieres pour le
repos de son Ame. François qui l'avez veu
naistre, Anglois qui l'avez veu regner, Sujets
qui luy avez obeï, Domestiques qui l'avez
servie, Grands de la terre qui l'avez appro-
chée, Princes & Princesses qui luy avez ap-
partenu, Sacrez Ministres des Autels qui l'a-
vez connuë, achevez le Sacrifice que vous avez
commencé pour Elle, offrez au nom de tous
ceux qui sont icy cette victime innocente qui
peut satisfaire à la justice du Pere Eternel, &
qui peut expier les pechez de Henriette Marie. Faites-le avec d'autant plus de zele, que
c'est aujourd'huy le jour de sa naissance, afin

qu'eftant fecouruë par vos Prieres, Elle naiffe dans le Ciel au mefme jour qu'Elle nafquit fur la terre, & qu'ayant fait regner le Fils de Dieu dans fa perfonne, dans fa maifon & dans fon Royaume, Elle regne eternellement avec luy dans la Gloire.

F I N.

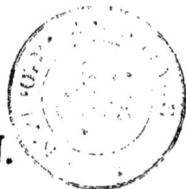

Par Lettres patentes du Roy données à Paris le 17. Decembre 1655. fignées Conrart, & fcellées du grand fceau de cire jaune fur fimple queuë, il eft permis à Pierre le Petit, Imprimeur & Libraire ordinaire de fa Majefté, d'imprimer ou faire imprimer, *Les Panegyriques des Saints & autres Sermons, compofez par le R. Pere Iean François Senavlt, Preftre de l'Oratoire de Iesvs,* & ce durant l'efpace de vingt ans entiers, avec inhibitions & défenfes à toutes perfonnes de quelque qualité & condition qu'elles foient de l'imprimer ou faire imprimer, ni mefme d'en vendre de contrefaits, à peine de trois mille livres d'amende, & de tous dépens, dommages & interefts, comme il eft plus au long porté par lefdites Lettres.

3 7531 03068691 0

BIBLIOTHEQUE NATIONALE DE FRANCE

www.ingramcontent.com/pod-product-compliance
Lightning Source LLC
LaVergne TN
LVHW022033080426
835513LV00009B/1019